IL BRONTOLICCHIO

FIABE PER CRESCERE®

ISBN: 979-8-2713-1342-4
Prima edizione KDP

Collana: Fiabe per Crescere®
Titolo. Il Brontolicchio
Progetto editoriale e impaginazione: CSP APS

www.fiabepercrescere.com

Nota introduttiva

Rispettare il proprio turno, condividere i giochi, gestire frustrazione e rabbia, riconoscere l'aggressività può essere una grande sfida di crescita. Sono sentimenti funzionali a uno sviluppo equilibrato, ma possono risultare provanti sia per i bambini sia per i genitori e gli insegnanti.

Questa fiaba supporta i normali processi di crescita e favorisce l'autoregolazione emotiva. Una lettura mirata può aiutare a trasformare l'aggressività in determinazione e la rabbia in perseveranza.

Le Fiabe Per Crescere® accompagnano i bambini in un viaggio di consapevolezza, aiutandoli a elaborare gli eventi e a scoprire comportamenti alternativi più funzionali ed equilibrati.

Le Fiabe per Crescere® possono essere lette in due modi:
* **nella versione integrale, come lettura ipnagogica**, per accompagnare al sonno e favorire autoregolazione e rilascio emotivo;
* **oppure soltanto nelle parti in grassetto**, per una lettura più breve e giocosa.

Puoi richiedere l'accesso ai materiali digitali e alla versione audio gratuita scrivendo a: info@centrostudipedagogici.it indicando nell'oggetto "Il Brontolicchio".

Barbara Bettetini

La storia di oggi è una di quelle che si possono ascoltare anche
ad occhi chiusi,
lasciandosi trasportare dalle parole
e dai suoni del racconto,
in un posticino comodo e sicuro.
**Questa storia parla di una meravigliosa personcina
proprio come te,
che viveva in una casa accogliente
insieme alle persone più care.
La sua casa era in un posto ricco di alberi e piante,
dove pioveva ogni tanto
e poi spuntava un bel sole,
così il verde cresceva rigoglioso e fitto.**

**E tu sai quanto possa essere piacevole stare
all'aperto, e forse puoi usare la tua fantasia e
immaginare di essere anche tu in un posto ricco di
alberi dalle grandi foglie, e di sentire i profumi
e i suoni piacevoli dei boschi.**
E puoi vederti anche tu,
con gli occhi della mente,
sotto gli alberi e in mezzo ai fiori.
Ed è un posto proprio perfetto
per lasciarsi andare al racconto,
e se magari ti viene un po' sonno,
questa storia ti trasporterà ancora di più in un viaggio magico,
in cui potrai iniziare
a sognare un sogno meraviglioso,
che racconta le avventure di questa
curiosa personcina e dei suoi cari amici.

Ed è come se anche il corpo
volesse ascoltare questa storia,
e diventasse morbido e pesante,
le braccia pesanti,
le gambe pesanti,
anche gli occhi pesanti
tutto il corpo pesante,
forse come quando la stanchezza ti avvolge
o forse come quando stai per riposare.
**E magari ora puoi ascoltare il tuo respiro e
accorgerti che è più lento e leggero.**
Ed è bello e piacevole restare,
ascoltando queste parole e sentendo i suoni
e i rumori della casa,
i sottofondi, gli echi dell'ambiente
e le voci che raccontano.

Come quando sei in un posto dove ci
sono tante persone, dopo che si è stati
bene insieme e si cerca un po' di
quiete, e ci si ferma ad ascoltare le
voci che sono
come un delicato brusio.
E, fra tutte,
una voce inizia a raccontare,
e si sente tra tutte le altre,
come ora senti la mia.
E, come quando sogni,
può capitare che
ascoltando una storia
immagini quello che succede
con gli occhi della mente.
E ora,
chiudendo i tuoi occhi,
puoi immaginare di vedere
questa personcina
con i suoi grandi occhi luminosi,
i capelli sbarazzini,
mentre gioca con il vento tra
i capelli e un gran sorriso
impresso sul viso.

E puoi immaginare
mentre si trovava per giocare
con i suoi amici,
come tu ti ritrovi
con i tuoi.
E come te, insieme a loro
imparava a giocare,
e loro imparavano
i nomi degli alberi,
dei fiori
a distinguere le nuvole nel cielo e
a seminare nell'orto,
e sapevano distinguere
l'acqua da bere da quella del pozzo
con cui giocare a spruzzarsi.
**Era così bello divertirsi
con loro, e a volte
capitava di vincere,
o di perdere.
Le cose a volte andavano
per il verso giusto
a volte meno:
ma andava sempre bene,
perché era con
i suoi amici.**

E a una certa ora tornava a casa,
proprio come te, che
dopo aver giocato,
e magari mangiato,
e aver riposato
ritorni a casa dai tuoi cari
e forse ritrovi mamma,
o forse papà,
o forse nonna o nonno,
o altri amici che forse stanno con te,
o a volte fanno le loro cose vicino a te.
E va sempre bene,
perché quando hai davvero bisogno,
loro ci sono.
Insomma, era proprio tutto bello.
E anche se a volte succedeva qualcosa
di diverso, non importava, perché
presto tutto sarebbe tornato tranquillo.

Ma un giorno,
mentre si era allontanato dai suoi amici
giocando nel prato,
sentì da un cespuglio lontano provenire
un ronzio fastidioso.
Era un suono misto
fra un brontolio
e una zanzara.
E sembrava anche che in mezzo a quel suono
qualcuno stesse borbottando,
come quando non si riesce a fare qualcosa
e si brontola...
e si borbotta...
e ci si arrabbia...

La curiosità ebbe la meglio,
così come anche il desiderio
di dare un aiuto.
Quella personcina infatti era molto generosa,
e pensò che qualcuno fosse in difficoltà,
così si avvicinò per dare una mano:
in questo modo forse
il brontolio sarebbe cessato.
Si avvicinò al cespuglio,
e vide che, mezza impigliata fra i rami,
una piccola creatura grande come un moscerino
con gli occhi rossi
si lamentava arrabbiata,
cercando di liberarsi
e di proseguire.

E si dimenava,
e tirava le alucce impigliate fra i rami.
- Perché dici "R"?
Chiese avvicinandosi ancora e allontanando
con le mani i rami più fitti, così che la
creatura potesse liberarsi.

RRRRRRRRHH!

- Perché sì e basta!
Io sono un brontolicchio
e dico RRRRR come mi pare e piace!
E così dicendo approfittò dell'aiuto e si liberò
dall'intrico del cespuglio.
Ma non sembrava affatto più felice…

RRRRRRRRHH!

RRRRRRRRHH!

- Certo..:!
Adesso sono fuori,
ma forse finirò in altri cespugli,
e forse allora non ci sarà nessuno
a liberarmi!

RRRRRRRRHH!

Non mi hai dato alcun aiuto:
guarda quanti cespugli ci sono!
E dicendo questo diede spintoni e graffi.
Ma essendo così piccolo, non faceva alcun
male e quasi non si sentiva.
- Ma tu chi sei?! - chiese con curiosità.
- Uff! Te l'ho già detto!
Sono un brontolicchio,
e brontoleggio tutto il giorno!

- C'è chi legge.
Chi passeggia.
Chi mangia.
Chi dorme.
Io brontolo!

RRRRRRR!

Solo quello!
Brontoleggiare!
**Quanta fatica faccio a brontolare
in continuazione!**

RRRRRRRRHH!

- Non ne posso più di vagare
e brontolare!

RRRRRRRHH!

La nostra personcina, visto che abbondava di qualità
come gentilezza e generosità, disse:
- Sali sulla mia mano.
Sei piccolo: ti posso portare per un po'!
La creatura non se lo fece ripetere.
E pur continuando a brontolare salì sulla sua mano,
poi lungo il braccio, da lì saltò sulla spalla,
e si sistemò fra i capelli.
Poi ricominciò a brontolare.
- NHRRRRR! Andiamo!
GRRRR quanto si sta scomodi qui!
RRRRRR! Sono così stanco che sono costretto ad
accettare! RRRRRH!
Almeno cammina piano!
Non farmi cadere!
HHHRRRRR!

18

**Certo che quel brontolicchio
brontolava davvero tantissimo!**
Non gli andava mai bene nulla!
Ma abbiamo già detto che quella personcina invece era proprio
gentile e ben educata,
e per ora stava ad osservare la situazione
mentre accompagnava la creatura sulla testa.
**Brontola, brontola,
dopo un po' il suo borbottio
quasi non si sentì più.
Anche perché
il brontolicchio era molto piccolo: ricordi?
Un piccolo moscerino dagli occhi rossi.**

E dalla cima della testa,
dove si era sistemato,
sembrava di non sentirlo più.
Forse adesso
era andato per la sua strada,
visto che non c'erano più così tanti cespugli.
Così tornò dai suoi amici,
giocò per tutto il pomeriggio
e quando fu l'ora di rientrare a casa
aveva già dimenticato il brontolicchio.

Ma nei giorni a seguire, quando qualcosa
non andava troppo per il verso giusto,
iniziava a battere i piedi,
ad agitare le mani nell'aria,
a urlare,
spingere
e mordere!

RRRRRRRRHH!

... e i suoi amici si allontanavano, così si
trovava spesso in solitudine.
Finiva il cibo che aveva nel piatto?

RRRRRRRHH!

... e nessuno capiva
se avesse ancora fame oppure no.
I suoi parlavano fra loro in sua presenza?
Cominciava ad agitarsi e a gridare:

RRRRRRRHH!

... e nessuno capiva
se avesse qualcosa da dire oppure no.

Le persone vicine andavano a controllare
che non fosse nei guai,
stavano un po' insieme, riceveva parole
dolci, affetto e attenzione.
Poi però dovevano tornare a parlare fra loro,
o a lavorare, o a fare altro.
E la rabbia tornava.
Ogni tanto si arrabbiava talmente tanto
che la faccia diventava tutta rossa.
Iniziava a piangere,
a urlare,
a graffiare,
a mordere
o a buttare tutto per aria.
Sembrava proprio un Brontolicchio!
Non era affatto
un bello spettacolo.

Presto i suoi amici
non vollero più
giocare insieme,
perché ogni volta finiva
in un litigio.
Anche chi
se ne prendeva cura,
ormai le aveva
provate tutte.
E persino la stessa
personcina,
che adesso era
disorientata e confusa,
non sapeva come mai,
quando qualcosa non era
di suo gradimento,
quei versi
uscivano quasi senza
volerlo dalla sua bocca:
- HRRRRRRR!   GHRRRRR!

Passarono i giorni, le settimane,
la preoccupazione cresceva.
Così decisero di andare
dal Vecchio Guardiano.

Lui era saggio.

Il Vecchio Guardiano vedeva e sapeva
tante cose che agli altri sfuggivano.
Il saggio ascoltò l'intera storia, sentì tutti
quanti, e capì come gentilezza e serenità
si fossero trasformati
in maleducazione e rabbia.

Pensò un po'.
Poi chiese,
con la sua voce profonda:

- Non hai per caso incontrato
una creatura brontolona,
grande come un moscerino?

**Subito il ricordo del brontolicchio
si affacciò alla memoria:**
ricordò quando l'aveva incontrato
e che gli aveva offerto un passaggio.

**Allora il Guardiano disse:
- Hai proprio incontrato
un brontolicchio.
Non è cattivo, ma sa solo brontolare
e arrabbiarsi,
e ti suggerisce rabbia e cattiveria
nelle orecchie.**
Forse si era addormentato tra i capelli
e non hai fatto caso che al suo risveglio
ti stava suggerendo cose brutte.

**E' meglio mandarlo via,
e fare in modo che non torni più.
Sei pronto a cacciarlo?**

E con tante speranze fece "sì"
con la testa, perché
non ne poteva proprio più di avere
quel brontolicchio nei pensieri.

- Molto bene,
allora mentre segui le mie parole
e ascolti il suono del tuo respiro
ora puoi sentire bene l'appoggio dei tuoi piedi
e puoi pensare
di chiudere gli occhi nella tua mente
e di vederti scuotere la testa
per farlo andare via dai capelli e dai pensieri.
Con forza!
Una volta!
Due volte!
Tre volte!
E puoi pronunciare o sentire le parole:
- Brontolicchio, Via!

Puoi farlo, vero?

Certo che poteva!

Così con i piedi ben piantati a terra
e la schiena lunga e dritta
prese un bel respiro riempiendo i polmoni
e scosse la testa.

Una volta!
Esclamò: - Brontolicchio, via!
Due volte!
Ripeté a gran voce: - Brontolicchio via!
Tre volte!
Ribadì ancora: - Brontolicchio via!

E con gran stupore di tutti una creatura piccola
come un moscerino con gli occhi rossi si staccò dai
suoi capelli, e ronzando e brontolando,

RRRrrrrrrrrrrrrrrrrrr......

svolazzò lontano, fino a sparire dalla vista.

E non appena scivolò via,
sentì scivolare via
anche la rabbia,
il nervosismo si sciolse
e la cattiveria se ne andò.
Sentiva che nel suo animo si stavano
facendo strada sentimenti
nuovi e meravigliosi
di pazienza,
comprensione
e resilienza.
Nel suo cuore
e nei suoi pensieri
e nelle sue mani
c'era di nuovo posto
per le carezze,
le tenerezze,
la gentilezza
e gli abbracci,
e sentì dentro di sé una gran
leggerezza e tanta serenità.

Restò qualche istante ad ascoltare
quelle sensazioni, piacevoli
e avvolgenti come un abbraccio,
e un sorriso comparve sul suo viso.

Era felice!
Ringraziò di cuore il Guardiano, che
con un grande abbraccio disse:
- Oh, ci sono tanti brontolicchi al mondo.
Ti capiterà molte volte di sentire avvicinarsi
un ronzio brontolante, ma tu puoi non farli
avvicinare e tenerli lontani,
perché appena ti accorgi di loro,
se ne vanno via.
E se ti capita di sentire qualcuno che brontola troppo forte
per un motivo molto piccolo,
o se senti ronzare un brontolicchio in qualche angolo,
quando giochi con gli amici o quando sei con chi ti vuole
bene, tu puoi ignorarlo, fare finta di niente e tenerlo
distante da te e dalle persone a cui vuoi bene.

E dopo un tenero abbraccio dei suoi cari,
si presero per mano
e andarono tutti
sereni verso casa.

Quella sera mangiarono insieme,
si raccontarono storie, si sorrisero.
E quando i suoi parlavano tra loro era un
piacere ascoltarli con interesse e curiosità.
Giocava un po' con loro, un po' stava
nella sua stanza o usciva all'aperto.

Il giorno dopo vide i suoi amici:
con uno giocò con la palla,
con qualcun altro lesse un libro,
con uno usò i colori,
con un altro fece una passeggiata.
E anche se qualcuno prendeva proprio quel gioco
non importava, perché ce n'erano altri,
e potevano fare un po' per uno.

E quel giorno rise e sorrise tanto,
con il cuore ricco di gioia e di serenità.
Si divertì con gli amici,
che furono felici di poter giocare
di nuovo insieme.

**E quando ti sembra di sentire anche solo
un brontolio di rabbia, ricorda
che puoi anche tu fare un bel respiro,
scuotere la testa
e dire:
- Brontolicchio, via!
E anche tu troverai serenità e gioia
nel giocare e condividere momenti felici
con i tuoi amici,**
perché la vera magia sta nel saper trasformare
i momenti difficili,
con un sorriso e tanta serenità.

E tu?
Che forma ha il tuo brontolicchio!

Prenditi un momento per pensarci.

E' intorno a te oggi?
Di che colore è?
In quale punto del corpo lo senti?

Puoi disegnarlo qui e scoprire com'è fatto,
con curiosità e compassione.

E quando sei pronto, puoi dire:

brontolicchio... ti vedo,
grazie,
ora puoi andare:

brontolicchio, via.

Lascia che il respiro ti aiuti:
una breve inspirazione...
una lenta espirazione...
e immagina che il brontolicchio scivoli via,
leggero e sempre più distante,
fino a non vederlo più.